BEI GRIN MACHT SICH IHR WISSEN BEZAHLT

- Wir veröffentlichen Ihre Hausarbeit, Bachelor- und Masterarbeit

- Ihr eigenes eBook und Buch - weltweit in allen wichtigen Shops

- Verdienen Sie an jedem Verkauf

Jetzt bei www.GRIN.com hochladen und kostenlos publizieren

Bernhard Daniel Schütze

Die Notstandsgesetzgebung von 1968

Kritik, Diskussion und Folgen

GRIN Verlag

Bibliografische Information der Deutschen Nationalbibliothek:

Die Deutsche Bibliothek verzeichnet diese Publikation in der Deutschen National-
bibliografie; detaillierte bibliografische Daten sind im Internet über http://dnb.d-
nb.de/ abrufbar.

Impressum:

Copyright © 2010 GRIN Verlag GmbH
Druck und Bindung: Books on Demand GmbH, Norderstedt Germany
ISBN: 978-3-656-51795-5

Dieses Buch bei GRIN:

http://www.grin.com/de/e-book/263086/die-notstandsgesetzgebung-von-1968

GRIN - Your knowledge has value

Der GRIN Verlag publiziert seit 1998 wissenschaftliche Arbeiten von Studenten, Hochschullehrern und anderen Akademikern als eBook und gedrucktes Buch. Die Verlagswebsite www.grin.com ist die ideale Plattform zur Veröffentlichung von Hausarbeiten, Abschlussarbeiten, wissenschaftlichen Aufsätzen, Dissertationen und Fachbüchern.

Besuchen Sie uns im Internet:

http://www.grin.com/

http://www.facebook.com/grincom

http://www.twitter.com/grin_com

Gymnasium Bremervörde

Facharbeit im Seminarfach 1968

Die Notstandsgesetze von 1968
-Kritik, Diskussion und Folgen-

Verfasser: Bernhard Daniel Schütze

Abgabetermin: 18. März 2010

Ort und Datum: Farven, den 17. März 2010

Inhaltsverzeichnis

Seite

1. EINLEITUNG
    1.1 Themenfrage mit Eingrenzung des Themas..1
    1.2 Gliederung...1
    1.3 Ziel der Facharbeit..1
    1.4 Arbeitsweise...2

2. HAUPTTEIL
    2.1 Notstandsgesetze von 1968..2
        2.1.1 Der Weg zum „17. Gesetz zur Ergänzung des Grundgesetzes"...................2
        2.1.2 Diskussionen im Deutschen Bundestag...3
            2.1.2.1 Grobentwicklung im Parlament..3
            2.1.2.2 Notwendigkeit von Notstandsgesetzen.....................................4
            2.1.2.3 Kritik am Gesetzentwurf von 1968 innerhalb des Bundestages...........4
        2.1.3 Kritik außerhalb des Bundestages..5
        2.1.4 Beeinflussung des Parlaments von außen...6
        2.1.5 Berechtigung der Kritik...7
        2.1.6 Rechtsstaatliches Vorgehen gegen die Notstandsgesetze.........................8
        2.1.7 Kritik nach Verabschiedung der Notstandsgesetze................................9
    2.2 Untersuchungsresultat...9
        2.2.1 Auseinandersetzung mit den Ergebnissen..9
        2.2.2 Offen gebliebene Fragen...10
        2.2.3 Untersuchungsmethode...10

3. SCHLUSS
    3.1 Zusammenfassung der wichtigsten Ergebnisse...10
    3.2 Schlussfolgerung über das Thema / die Fragestellung hinaus...........................11

4. LITERATURVERZEICHNIS...12

Anlage   Ihre E-Mail vom 1. Februar 2010...16

1. EINLEITUNG

1.1 Themenfrage mit Eingrenzung des Themas

Die Themenfrage dieser Facharbeit lautet: „Aus welchen Gründen waren die so genannten Notstandsgesetze von 1968 so sehr in der Kritik, war diese Kritik berechtigt und weshalb sind diese Gesetze trotz allem bis zum heutigen Tag im Grundgesetz verankert?". Ich möchte untersuchen, weshalb die Notstandsgesetze so sehr in der Diskussion standen, sie so stark kritisiert worden sind, inwiefern die Diskussion und die Kritik um diese Gesetze berechtigt waren, und aus welchen Gründen sich noch immer Teile ebendieser Gesetze im deutschen Grundgesetz finden und daran niemand öffentlich Kritik übt.

1.2 Gliederung

Die Facharbeit ist inhaltlich so gegliedert, dass zu Beginn allgemeine Informationen zu den Notstandsgesetzen und deren Entstehung gegeben werden. Anschließend wird auf die Diskussion um die Notstandsgesetze genauer eingegangen, wobei eine Trennung zwischen der Diskussion innerhalb des Parlaments[1] und der Diskussion in der Öffentlichkeit und der Studentenbewegung vorgenommen wird. Auch eine mögliche Beeinflussung der Abgeordneten des Deutschen Bundestages von außen soll untersucht werden. Insbesondere die Frage nach der Kritik im Anschluss an die Verkündung der Notstandsgesetze soll genauer überprüft werden. Zum Abschluss der Facharbeit werden die Ergebnisse der Untersuchungen noch einmal zusammengefasst und in Bezug auf die Themenfrage bewertet.

1.3 Ziel der Facharbeit

Ziel der Facharbeit ist die Klärung der Zusammenhänge zwischen der Kritik an den Notstandsgesetzen, den damit einhergehenden Diskussionen und dem letztendlich verabschiedeten Gesetz zur Änderung des Grundgesetzes, sowie dem Verbleib der Notstandsverordnungen im Grundgesetz und der verstummten Kritik.

---

1   gemeint ist der Deutsche Bundestag

1.4 Arbeitsweise

Ich habe mich für diese Facharbeit mit Texten und Büchern zum Thema *Notstandsgesetze* auseinandergesetzt. Auch Recherchen zu Debatten im Deutschen Bundestag und eventuellen Gerichtsentscheidungen im Zusammenhang mit der Notstandsgesetzgebung waren Bestandteil der Vorbereitungen. Ich habe diese Untersuchungsmethode aus mehreren Gründen bewusst gewählt und auf Zeitzeugengespräche verzichtet. Zum Einen handelt es sich hierbei um eine Zeitfrage, zum Anderen wollte ich aber auch möglichst fundierte Untersuchungsgrundlagen verwenden, was mir, meiner Auffassung nach, auch gelungen ist. Anhand all dieser Materialien habe ich mich bemüht einige Antworten auf meine Themenfrage zu finden.

2. HAUPTTEIL

2.1 Notstandsgesetze von 1968

2.1.1 Der Weg zum „17. Gesetz zur Ergänzung des Grundgesetzes"

Erste Planungen für die Einführung einer Notstandsverfassung hatte die Bundesregierung bereits im Jahr 1955 begonnen. Sie sah jedoch keine Möglichkeit, diese „schon zusammen mit der Wehrergänzung von 1956 zu verwirklichen"[2]. Doch bereits 1958 sprach Bundesinnenminister Gerhard Schröder (CDU) vor den Delegierten der Polizeigewerkschaft über Notstandsgesetze.[3] Im Dezember desselben Jahres erhielten die Minister der einzelnen Bundesländer einen ersten Entwurf für ein Notstandsgesetz. Schröder sprach in diesem Zusammenhang von der „Zeit der Exekutive"[4], was bei den Menschen jedoch die Erinnerungen an die Zeit des Nationalsozialismus weckte.[5] Doch nicht nur die Bevölkerung lehnte diesen Entwurf für eine

---

2 Ernst Benda, zitiert nach Krohn, Maren (1981): *Die gesellschaftlichen Auseinandersetzungen um die Notstandsgesetze*. Köln: Pahl-Rugenstein Verlag (=Pahl-Rugenstein Hochschulschriften Gesellschafts- und Naturwissenschaften, 61), S. 26
3 vgl. Krohn, Maren (1981), S. 27
4 zitiert nach Muntermann, Natalie (2009): *Notstandsgesetze*.
   URL: http://www.planet-wissen.de/politik_geschichte/deutsche_politik/studentenbewegung/ notstandsgesetze.jsp [Stand: 06. März 2010]
5 vgl. Muntermann, Natalie (2009)

Notstandsverordnung ab, auch die SPD, die zur Verabschiedung des Gesetzes aufgrund der dafür benötigten Zweidrittelmehrheit unabdingbar war, sprach sich klar gegen dieses Gesetz aus. Der Grund hierfür lag insbesondere darin, dass der Vorschlag Schröders vorsah, den Notstand durch einfache (also Regierungs-) Mehrheit oder gar durch ein Dekret des amtierenden Bundeskanzlers ausrufen zu können. Eine Möglichkeit, der die SPD niemals zustimmen konnte.[6] Dieser Entwurf war durch das Kabinett zwar im Grundsatz gebilligt, formal jedoch nicht als Gesetzesvorlage vorgelegt worden. Die Innenminister der Bundesländer lehnten den Entwurf ab, was auch die Meinung des Bundeskanzlers Konrad Adenauer (CDU) widerspiegelte.[7] Um eine Verabschiedung von Notstandsgesetzen realisieren zu können, waren, nach Überzeugung der führenden SPD Rechtspolitiker Carlo Schmid und Adolf Arndt, die Sicherung der Parlamentsverantwortung, die Priorität der Zivilgewalt und der Schutz des Streikrechts unabdingbar. Es scheiterten jedoch auch die folgenden Entwürfe für ein Notstandsgesetz.[8] Erst die Große Koalition hatte genug Stimmen um tatsächlich eine Notstandsverfassung in das Grundgesetz aufzunehmen. Dies geschah mit einer namentlichen Abstimmung, deren Ergebnis mit 384 zu 100 Stimmen die Notstandsgesetze beschloss.[9]

2.1.2 Diskussionen im Deutschen Bundestag

2.1.2.1 Grobentwicklung im Parlament

Wie bereits geschildert waren sich auch die Fraktionen im Bundestag keinesfalls einig darüber, ob es Notstandsgesetze geben sollte, beziehungsweise welchen Umfang solche haben sollten. Waren 1958 noch alle Parteien (mit Ausnahme der Mehrheit der CDU) gegen ein Notstandsgesetz, so konnten in den folgenden Jahren die meisten Parlamentarier von der Notwendigkeit einer

---

6   vgl. Chaussy, Ulrich (?): *Die Notstandsgesetze.*
    URL: http://www.br-online.de/wissen-bildung/collegeradio/medien/geschichte/notstand/
    manuskript/notstandn_manuskript.pdf [Stand: 06. März 2010]
7   vgl. Krohn, Maren (1981), S. 27
8   vgl. Muntermann, Natalie (2009)
9   vgl. Kraushaar, Wolfgang (2008): *Die Furcht vor einem „neuen 33". Protest gegen die Notstandsgesetzgebung.* In: Geppert, Dominik / Hacke, Jens (Hg.) (2008): *Streit um den Staat. Intellektuelle Debatten in der Bundesrepublik 1960 – 1980.* Göttingen: Vandenhoeck & Ruprecht, S. 144

Notstandsverfassung überzeugt werden.

2.1.2.2 Notwendigkeit von Notstandsgesetzen

Die Alliierten hatten noch Vorbehaltsrechte gegenüber der Bundesrepublik Deutschland für den Fall eines inneren oder äußeren Notstandes. Um die volle Souveränität und Unabhängigkeit von den Alliierten zu bekommen, musste die Bundesrepublik Notstandsgesetze für diese Fälle in das Grundgesetz einbinden. Ohne eine solche Erweiterung des Grundgesetzes hätten die Alliierten bis zum heutigen Tage die Möglichkeit gehabt, die Regierung der Bundesrepublik Deutschland anzuweisen, den Notstand auszurufen – ohne Mitspracherecht oder gar Entscheidungsbefugnis des Bundestages. Für diesen Fall waren bereits so genannte „Schubladengesetze"[10] ausgefertigt worden. Durch diese wäre nicht nur die Teilsouveränität Deutschlands, sondern auch die Grundrechte der Bevölkerung außer Kraft gesetzt worden.[11]

2.1.2.3 Kritik am Gesetzentwurf von 1968 innerhalb des Bundestages

Ein Kritikpunkt an den später als „Siebzehntes Gesetz zur Ergänzung des Grundgesetzes"[12] verabschiedeten Notstandsgesetzen war, dass auch mit den Notstandsgesetzen im Grundgesetz die Vorbehaltsrechte der Alliierten nicht erlöschen würden. Tatsächlich haben die Alliierten erst drei Tage vor Verabschiedung des Gesetzes ihren Verzicht auf die Vorbehaltsrechte im Falle einer Gesetzgebung mit den vorliegenden Entwürfen erklärt.[13] Auf Druck der SPD war in den Notstandsgesetzen ein „Gemeinsamer Ausschuss"[14] vorgesehen, der im Verteidigungsfall, nicht aber im Spannungsfall (Auch diese Einschränkung beruht

---

10 vgl. Arbeitsausschuss des Kuratoriums „Notstand der Demokratie" (1967): *Stellungnahme des Arbeitsausschusses des Kuratoriums „Notstand der Demokratie" zu dem am 10. 3. 1967 vom Bundeskabinett beschlossenen Neuentwurf eines verfassungsändernden Notstandsgesetzes.* In: Hofmann, Werner / Maus, Heinz (Hg.) (1967): *Notstandsordnung und Gesellschaft in der Bundesrepublik. Zehn Vorträge herausgegeben von Werner Hofmann und Heinz Maus*, S. 184

11 vgl. zu der geschilderten Situation: Schmidt, Helmut (2009): *Eine Sternstunde des Parlaments. 30. Mai 1968: Gegen den wütenden Protest der außerparlamentarischen Opposition verabschiedet der Bundestag die Notstandsgesetze.* In: *Die Zeit Nr. 17, 16. April 2009*, S. 17

12 *Siebzehntes Gesetz zur Ergänzung des Grundgesetzes [„Notstandsgesetze"].* (24. Juni 1968) URL: http://www.documentArchiv.de/brd/1968/grundgesetz-notstandsgesetze.html [Stand: 06. März 2010]

13 vgl. Kraushaar, Wolfgang (2008) in: Geppert, Dominik / Hacke, Jens (Hg.) (2008), S. 144

14 vgl. *Siebzehntes Gesetz zur Ergänzung des Grundgesetzes [„Notstandsgesetze"].* (24. Juni 1968), 9.

auf Druck der SPD), eingesetzt wird. Dieser „Gemeinsame Ausschuss" besteht zu zwei Dritteln aus Abgeordneten des Bundestages, zu einem Drittel aus Mitgliedern des Bundesrates, welche bei ihrer Arbeit in diesem Ausschuss nicht weisungsgebunden sind.[15] Die Mitglieder werden „vom Bundestag entsprechend dem Stärkeverhältnis der Fraktionen bestimmt; sie dürfen nicht der Bundesregierung angehören"[16]. Hierdurch soll die Legitimität dieses Ausschusses ebenso wie die Rechtsstaatlichkeit im Krisenfall gewährleistet werden.[17] Die Opposition kritisierte auch das Widerstandsrecht. Nicht inhaltlich, jedoch von der Form her. So befürchtete die Oppositionspartei (FDP), dass dadurch „die Lynchjustiz legalisiert"[18] werde. Sie forderte ein „Recht zum Widerstand gegen den Missbrauch staatlicher Gewalt"[19], konnte sich mit dieser Forderung jedoch nicht durchsetzen. Die FDP, und insbesondere Hans-Dietrich Genscher, übten während der rund vierstündigen dritten Lesung des Gesetzes ebenfalls scharfe Kritik an den geplanten Änderungen bezüglich der Post- und Telefonüberwachung.[20]

2.1.3 Kritik außerhalb des Bundestages

Auch außerhalb des Bundestages gab es viel Kritik an den Notstandsgesetzen. Deutlich wird dies besonders mit Blick auf die Teilnehmerzahl an Demonstrationen in der Woche direkt vor der Verabschiedung der Gesetze: rund 150.000 Menschen waren beteiligt.[21] Besonders kritisiert wurden auch in der Bevölkerung die „Aushöhlung der sozialen und individuellen Grundrechte der

---

15 vgl. Schwehn, Klaus J. (2008): *Der Streit um die Notstandsgesetze. Vor 40 Jahren: Einschränkungen des Grundgesetzes verabschiedet.*
URL: http://brd-ddr.suite101.de/article.cfm/der_streit_um_die_notstandsgesetze
[Stand: 06. März 2010]
16 *Siebzehntes Gesetz zur Ergänzung des Grundgesetzes [„Notstandsgesetze"].* (24. Juni 1968), 9.
17 vgl. Chaussy, Ulrich (?): *Die Notstandsgesetze.*
URL: http://www.br-online.de/wissen-bildung/collegeradio/medien/geschichte/notstand/ manuskript/notstandn_manuskript.pdf [Stand: 06. März 2010]
18 Schulz, Dietrich W. (1968): *Das Notstandsrecht hat keine Fußangeln. Wer die Gesetze kennt, kann nicht vom „Weg in die Diktatur" reden.* In: *Berliner Morgenpost, 26. Mai 1968*, S. 12
19 Schulz, Dietrich W. (1968) In: *Berliner Morgenpost, 26. Mai 1968*, S. 12
20 vgl. *Historische Debatten (5): Notstandsgesetze.*
URL: http://www.bundestag.de/dokumente/textarchiv/2009/25458537_debatten05/index.html [Stand: 07. März 2010]
21 vgl. Krohn, Maren (1981), S. 297

5

Bürger"[22], die „Verhinderung des Streikrechts durch Zwangsverpflichtungen"[23], ebenso, wie von Genscher auch, die „Einschränkung des Post- und Fernmeldegeheimnisses"[24], die „Aushöhlung des föderalistischen Prinzips"[25] (Und das, obwohl der Bundesrat bei Entscheidungen immer mit einbezogen werden sollte; selbst im Gemeinsamen Ausschuss sollten Vertreter des Bundesrates, also der Länder, sitzen), die „Verhinderung der Entspannungspolitik"[26], wobei sich hier die Frage aufdrängt, ob, beziehungsweise wie, eine solche Verhinderung durch das Siebzehnte Gesetz zur Ergänzung des Grundgesetzes aussehen sollte, die „Erhöhung der psychologischen Kriegsbereitschaft"[27], wodurch sich die Kritiker der, einige Jahre zuvor unter hitzigen Diskussionen beschlossenen, Wiederbewaffnung bestärkt gefühlt haben mögen, sowie die Kosten für die Durchführung der Notstandsgesetze.[28] All diese Befürchtungen fanden Platz unter der Hauptbefürchtung, die Regierung könne die Macht, ohne Kontrolle durch das Parlament, an sich reißen.[29]

2.1.4 Beeinflussung des Parlaments von außen

Die Abgeordneten des Deutschren Bundestages blieben von der Kritik und den Demonstrationen der Bevölkerung selbstverständlich nicht unberührt. So weist der damalige Fraktionsvorsitzende der SPD-Fraktion im Deutschen Bundestag darauf hin, dass viele der Abgeordneten und sogar deren Familienangehörige unter sehr großem Druck standen, welcher von Presse, Verbänden und Gewerkschaften ausgeübt wurde.[30] Dieser Druck hatte mit Sicherheit auch einen Einfluss auf das Gesetzgebungsverfahren. Wolfgang Kraushaar misst den Protesten einen erheblichen Anteil an der Endfassung des Gesetzes zu. So haben die „Wellen der Proteste"[31] der APO[32] mit dazu beigetragen, dass es zu „erheblichen Veränderungen"[33] an dem Gesetz kam.

---

22 Krohn, Maren (1981), S. 331
23 Krohn, Maren (1981), S. 331
24 Krohn, Maren (1981), S. 331
25 Krohn, Maren (1981), S. 331
26 Krohn, Maren (1981), S. 331
27 Krohn, Maren (1981), S. 331
28 vgl. Krohn, Maren (1981), S. 331
29 vgl. Kraushaar, Wolfgang (2008) in: Geppert, Dominik / Hacke, Jens (Hg.) (2008), S. 138
30 vgl. Schmidt, Helmut (2009) In: *Die Zeit Nr. 17, 16. April 2009*, S. 17
31 Kraushaar, Wolfgang (2008) in: Geppert, Dominik / Hacke, Jens (Hg.) (2008), S. 145
32 gemeint ist die Außerparlamentarische Opposition
33 Kraushaar, Wolfgang (2008) in: Geppert, Dominik / Hacke, Jens (Hg.) (2008), S. 145

2.1.5 Berechtigung der Kritik

Mag die Kritik zu Beginn der Notstandsgesetzplanungen noch angebracht gewesen sein, so lässt sich doch feststellen, dass bei Beschluss des Gesetzes im Mai des Jahres 1968 die Kritik, aufgrund von zahlreichen Überarbeitungen des Gesetzentwurfes, so, wie sie vorgebracht wurde, nicht mehr berechtigt war. Dietrich W. Schulz veröffentlichte in der Berliner Morgenpost am Sonntag, den 26. Mai 1968 hierzu eine gute Untersuchung der Kritikpunkte im Vergleich zu dem vorliegenden Gesetzentwurf.[34] So weist er bereits in der ersten Spalte darauf hin, dass im Verteidigungsfall, im Spannungsfall, im inneren Notstand und im Katastrophenfall (also allen Fällen, für die die Notstandsgesetzgebung gelten soll) „durch die Gesetzgebung garantiert werden [soll], dass die Regierung niemals selbstherrlich handeln kann, sondern stets einer parlamentarischen Kontrolle unterliegt"[35]. Schulz stellt zudem die Behauptung auf, das Streikrecht werde, anders als von den Notstandsgesetzgegnern dargestellt, nicht eingeschränkt, sondern halte erstmal, zumindest indirekt, durch das Siebzehnte Gesetz zur Ergänzung des Grundgesetzes Einzug in das verfassungsähnliche Grundgesetz der Bundesrepublik Deutschland.[36] Auch Fälle von Bündnishilfe im Zusammenhang mit der Notstandsgesetzgebung können nach dem Notstandsgesetz vom Bundestag aufgehoben werden.[37] Die Überwachung von Post und Telefon, welche von den Gegnern der Notstandsgesetze immer wieder angeprangert wurde, war vor Verabschiedung der Notstandsgesetze in der Hand der Alliierten. Das bedeutet, dass diese Überwachung schon immer möglich war, durch die Notstandsgesetze jedoch von deutschen Stellen übernommen werden konnte.[38] Um einen verfrühten (und von den Kritikern des Gesetzes befürchteten) Einsatz der Bundeswehr im Innern zu vermeiden, wurden die Befugnisse der Bundesländer ausgeweitet, so dass diese Polizeikräfte von anderen Bundesländern anfordern konnten.[39] Somit bleibt festzuhalten, dass die Kritiker mit ihrer inhaltlichen Kritik nicht die Fakten beachteten. Die Gegner von Notstandsgesetzen im Allgemeinen nahmen „allerdings in Kauf, dass im Falle der

---

34 vgl. Schulz, Dietrich W. (1968) In: *Berliner Morgenpost, 26. Mai 1968*, S. 12
35 Schulz, Dietrich W. (1968) In: *Berliner Morgenpost, 26. Mai 1968*, S. 12
36 vgl. Schulz, Dietrich W. (1968) In: *Berliner Morgenpost, 26. Mai 1968*, S. 12
37 vgl. Schulz, Dietrich W. (1968) In: *Berliner Morgenpost, 26. Mai 1968*, S. 12
38 vgl. Schulz, Dietrich W. (1968) In: *Berliner Morgenpost, 26. Mai 1968*, S. 12
39 vgl. Schulz, Dietrich W. (1968) In: *Berliner Morgenpost, 26. Mai 1968*, S. 12

äußersten Katastrophe nicht Deutsche im eigenen Land bestimm[t hätten], sondern die Westmächte den Deutschen [ge]sag[t hätten], was zu geschehen hat"[40]. Zu dem Punkt, dass auch Berliner die Notstandsgesetze scharf kritisierten, merkt Schulz an, dass die Notstandsgesetzgebung für West-Berlin gar nicht gelte; dort würden die Alliierten weiterhin im Notfall das Sagen haben.[41] Das Argument, dass vielfach auch heute noch von vielen Verfechtern der Notstandsgesetze vorgebracht wird, die Notstandsgesetze seien bisher niemals angewandt worden, ist kein Argument, sondern lediglich die Feststellung des Umgangs mit den Notstandsgesetzen durch die Regierungen der Bundesrepublik Deutschland; bei Verabschiedung der Notstandsgesetze war dies jedoch nicht vorherzusehen.

2.1.6 Rechtsstaatliches Vorgehen gegen die Notstandsgesetze

Nach Auskunft von Herrn Oberamtsrat Stadtler[42] vom Bundesverfassungsgericht gab es „im Zusammenhang mit der Notstandsgesetzgebung 1968 [...] lediglich [...] den Beschluss des Zweiten Senats vom 18. Februar 1970 - 2 BvR 481/68"[43] Dieser Gerichtsbeschluss[44] lehnt die Beschwerde eines Gefreiten der deutschen Bundeswehr ab, welcher mit Arrest unter der späteren fristlosen Entlassung aus dem Wehrdienst, aufgrund einer Verteilaktion vor dem Kasernengelände, bei der er Soldaten dazu aufforderte die Trainingseinheiten für Straßenkämpfe zu boykottieren, da er in diesen die (seiner Meinung nach unzulässige) Vorbereitung auf einen Einsatz der Bundeswehr gegen einen „inneren Feind"[45] sah, disziplinarisch bestraft worden ist. Der Wehrpflichtige berief sich in anschließenden Verfahren auf seine Grundrechte aus den Artikeln 2 Absatz 1, 5 Absatz 1 und 17a Absatz 1 GG. Das Bundesverfassungsgericht sah die Verfassungsbeschwerde jedoch als „offensichtlich unbegründet"[46] an. Nach Auskunft von Stadtler gab es, davon abgesehen, keinerlei

---

40 Schulz, Dietrich W. (1968) In: *Berliner Morgenpost, 26. Mai 1968*, S. 12
41 vgl. Schulz, Dietrich W. (1968) In: *Berliner Morgenpost, 26. Mai 1968*, S. 12
42 Das Schreiben, auf das hier Bezug genommen wird, findet sich im Anhang.
   Es handelt sich hierbei um: Stadtler (2010): *Ihre E-Mail vom 1. Februar 2010.*
43 Stadtler (2010)
44 vgl. Feidt, Jean-Paul (Hg.) (2009): *BVerG: Flugblätter. BVerfG, Beschluss v. 18.02.1970, Az. 2 BvR 481/68.* URL: http://www.telemedicus.info/urteile/Presserecht/Meinungsfreiheit/ 174-BVerfG-Az-2-BvR-48168-Flugblaetter.html [Stand: 07. März 2010]
45 Feidt, Jean-Paul (Hg.) (2009): *BVerG: Flugblätter. BVerfG, Beschluss v. 18.02.1970, Az. 2 BvR 481/68.*
46 Feidt, Jean-Paul (Hg.) (2009): *BVerG: Flugblätter. BVerfG, Beschluss v. 18.02.1970, Az. 2 BvR 481/68.*

Verfassungsbeschwerden im Zusammenhang mit den Notstandgesetzen vor dem Bundesverfassungsgericht.[47] Die Kritiker der Notstandsgesetze haben dieses Gesetz, trotz der ganzen Kritik und Bedenken ihm gegenüber, also nie durch ein Gericht prüfen lassen, was schon recht erstaunlich scheint.

2.1.7 Kritik nach Verabschiedung der Notstandsgesetze

Nach Verabschiedung der Notstandsgesetze „zersplitterte"[48] die APO „in eine Vielzahl verschiedener Gruppen"[49]. Die gesamte Bewegung gegen die Notstandsgesetze zerfiel, da die Gesetze nun beschlossen worden waren. Wie bereits im vorherigen Abschnitt berichtet, gab es jedoch von Seiten der Notstandsgesetzgegnern keine Klage vor dem deutschen Bundesverfassungsgericht.[50] Die Artikel des Grundgesetzes, welche von der Notstandsgesetzgebung betroffen waren, sind in den darauffolgenden Jahren teilweise[51] geändert worden[52], blieben jedoch bis zum heutigen Tag bestehen.

2.2 Untersuchungsresultat

2.2.1 Auseinandersetzung mit den Ergebnissen

Auch wenn die Ergebnisse meiner Untersuchungen sich klar für die Notstandsgesetzgebung aussprechen und deren Existenz als begründet ansehen, so habe ich doch auch die Kritiker mit einbezogen und deren Einflussnahme auf die endgültige Fassung der Notstandsgesetze berücksichtigt. Trotzdem muss durchaus angemerkt werden, dass nicht allzu viel Literatur herangezogen worden ist, da dies die Rechercheergebnisse leider nicht möglich gemacht haben.

---

47 vgl. Stadtler (2010)
48 Muntermann, Natalie (2009)
49 Muntermann, Natalie (2009)
50 vgl. dazu auch: Stadtler (2010)
51 Betroffen waren die Artikel 12a, 35, 73, 115c, 115e, 115k und 143
   (vgl. Deutscher Bundestag – Referat Öffentlichkeitsarbeit (Hg.) (2009):
   Grundgesetz für die Bundesrepublik Deutschland. Ulm: Ebner & Spiegel, S. 139ff.)
52 vgl. Deutscher Bundestag – Referat Öffentlichkeitsarbeit (Hg.) (2009), S. 139ff.

2.2.2 Offen gebliebene Fragen

Der letzte Punkt[53] in der Eingrenzung des Themas konnte leider nicht geklärt werden. Es lässt sich jedoch die Hypothese aufstellen, dass die Bevölkerung die, eben geschilderte, Notwendigkeit einer solchen Gesetzgebung als Bestandteil des Grundgesetzes erkannt hat.

2.2.3 Untersuchungsmethode

Die von mir gewählte und unter 1.4 erläuterte Untersuchungsmethode hat meines Erachtens zu einem guten Resultat geführt. Es konnte bereits getane Arbeit Anderer[54] genutzt und weitergeführt werden. Die verwandte Literatur stellte sich als gut und durchaus brauchbar dar. Mit der gewählten Untersuchungsmethode war die Beantwortung der Themenfrage möglich, was mich zu meiner Aussage im ersten Satz unter 2.2.3[55] brachte.

3. SCHLUSS

3.1 Zusammenfassung der wichtigsten Ergebnisse

Die Themenfrage konnte geklärt werden. So stellte sich im Laufe der Arbeit heraus, dass die Notstandsgesetze aufgrund der großen Angst vor einer erneuten Machtergreifung nach dem Schema Adolf Hitlers so sehr kritisiert worden sind. Die Berechtigung der Kritik wurde dahingehend relativiert, dass sie, wenn auch an vorherigen, so doch nicht an dem 1968 vorgelegten Gesetzentwurf für das „Siebzehnte Gesetz zur Ergänzung des Grundgesetzes"[56], berechtigt war, da nach diesem Gesetzentwurf eine solche verfassungsgemäße[57] Machtergreifung nicht möglich ist. Eine Berechtigung der Gesetze bis heute, wie sie in der Themenfrage gefordert wird, lässt sich ebenfalls aus den Untersuchungsergebnissen ableiten. In

---

53 gemeint ist: „[...]und daran niemand öffentlich Kritik übt." von Punkt 1.1 dieser Facharbeit
54 gemeint sind die Autoren der benutzten Literatur
55 „Die von mir gewählte und unter 1.4 erläuterte Untersuchungsmethode hat meines Erachtens zu einem guten Resultat geführt."
56 *Siebzehntes Gesetz zur Ergänzung des Grundgesetzes [„Notstandsgesetze"].* (24. Juni 1968)
57 Auch wenn das Grundgesetz keine Verfassung ist (vgl. Deutscher Bundestag – Referat Öffentlichkeitsarbeit (Hg.) (2009), S. 132, Artikel 146), so hat es doch einen Verfassungsstatus.

diesen Grundgesetzbestandteilen ist das Vorgehen im Falle eines Krieges, deutschlandweiten Ausschreitungen, sonstigen Bedrohungen von innen und außen, sowie bei schwerwiegenden Katastrophen geregelt und auf eine demokratische Grundlage gestellt. Solche Bestimmungen benötigt ein Land, um im Falle eines solchen Falles auf demokratischer Grundlage handlungsfähig zu bleiben. „Die Notstandsregelung in der Bundesrepublik ist eine der ausführlichsten in Europa"[58], wie Natalie Muntermann es formuliert. Dies verdeutlicht die umfassende Vorsorgeregelung in Deutschland, um auf alle Fälle vorbereitet zu sein und egal was auch geschieht, so doch die Regeln der Demokratie immer zu wahren. Die Themenfrage ist also umfassend beantwortet.

3.2 Schlussfolgerung über das Thema / die Fragestellung hinaus

In Deutschland ist eine erneute starke Auseinandersetzung um die Notstandsgesetze nicht zu erwarten. Möglich wäre eine solche jedoch besonders bei Anwendung der Notstandsgesetzgebung durch den Ausruf des Notstandes. Die öffentliche Debatte im Vorfeld der Verabschiedung des „Siebzehnte[n] Gesetz[es] zur Ergänzung des Grundgesetzes"[59] zeigt die Bereitschaft eines Volkes bei Kritik an Gesetzesvorhaben durch Demonstrationen und ähnliche Aktionen seine Auffassung und Position auch außerparlamentarisch zu vertreten. Die letzten Endes verabschiedete Notstandsgesetzversion zeigt, dass in Deutschland die Meinung des Volkes und die Demokratie einen der höchsten Stellenwerte genießen und diese (die Demokratie) auch im schlimmsten Krisenfall gewahrt bleiben muss.

---

58 Muntermann, Natalie (2009)
59 *Siebzehntes Gesetz zur Ergänzung des Grundgesetzes [„Notstandsgesetze"]*. (24. Juni 1968)

4. LITERATURVERZEICHNIS

Arbeitsausschuss des Kuratoriums „Notstand der Demokratie" (1967):
Stellungnahme des Arbeitsausschusses des Kuratoriums „Notstand der Demokratie" zu dem am 10. 3. 1967 vom Bundeskabinett beschlossenen Neuentwurf eines verfassungsändernden Notstandsgesetzes.
In: Hofmann, Werner / Maus, Heinz (Hg.) (1967):
Notstandsordnung und Gesellschaft in der Bundesrepublik. Zehn Vorträge herausgegeben von Werner Hofmann und Heinz Maus

Chaussy, Ulrich (?): *Die Notstandsgesetze*
URL: http://www.br-online.de/wissen-bildung/collegeradio/medien/
geschichte/notstand/manuskript/notstandn_manuskript.pdf [Stand: 06. März 2010]

Deutscher Bundestag – Referat Öffentlichkeitsarbeit (Hg.) (2009):
Grundgesetz für die Bundesrepublik Deutschland. Ulm: Ebner & Spiegel

Feidt, Jean-Paul (Hg.) (2009): *BVerG: Flugblätter.*
BVerfG, Beschluss v. 18.02.1970, Az. 2 BvR 481/68.
URL: http://www.telemedicus.info/urteile/Presserecht/Meinungsfreiheit/
174-BVerfG-Az-2-BvR-48168-Flugblaetter.html [Stand: 07. März 2010]

Folge 5: Zwischen Flaute und Revolte (1965-1969).
Die Wahlperioden im Rückblick: Der fünfte Deutsche Bundestag.
URL: http://www.bundestag.de/dokumente/textarchiv/2009/
25452018_wahlperioden05/index.html [Stand: 07. März 2010]

Historische Debatten (5): Notstandsgesetze.
URL: http://www.bundestag.de/dokumente/textarchiv/2009/
25458537_debatten05/index.html [Stand: 07. März 2010]

Krohn, Maren (1981):
Die gesellschaftlichen Auseinandersetzungen um die Notstandsgesetze.
Köln: Pahl-Rugenstein Verlag (=Pahl-Rugenstein Hochschulschriften
Gesellschafts- und Naturwissenschaften, 61)

Kraushaar, Wolfgang (2008):
Die Furcht vor einem „neuen 33". Protest gegen die Notstandsgesetzgebung.
In: Geppert, Dominik und Hacke, Jens (Hg.): *Streit um den Staat.*
Intellektuelle Debatten in der Bundesrepublik 1960 – 1980.
Göttingen: Vandenhoeck & Ruprecht

Muntermann, Natalie (2009): *Notstandsgesetze.*
URL: http://www.planet-wissen.de/politik_geschichte/deutsche_politik/
studentenbewegung/notstandsgesetze.jsp [Stand: 06. März 2010]

Petersen, Bernd und Petersen, Lars (2008): *Notstandsgesetze im Grundgesetz.*
URL: http://www.if-zeitschrift.de/portal/a/ifz/kcxml/04_Sj9SPykssy0xPLMnMz
0vM0Y_QjzKLNzKP9zX2BslB2IZ—pFw0aCUVH1fj_zcVH1v_QD9gtyIckdHR
UUAzvhynA!!/delta/base64xml/L2dJQSEvUUt3QS80SVVFLzZfMjdfTTNL?yw
_contentURL=%2F01DB131200000001%2FW27KUF2P733INFODE%2Fconten
t.jsp [Stand: 06. März 2010]

Schmidt, Helmut (2009): *Eine Sternstunde des Parlaments.*
*30. Mai 1968: Gegen den wütenden Protest der außerparlamentarischen
Opposition verabschiedet der Bundestag die Notstandsgesetze.*
In: *Die Zeit Nr. 17, 16. April 2009*

Schulz, Dietrich W. (1968): *Das Notstandsrecht hat keine Fußangeln.*
Wer die Gesetze kennt, kann nicht vom „Weg in die Diktatur" reden.
In: *Berliner Morgenpost, 26. Mai 1968*

Schwehn, Klaus J. (2008): *Der Streit um die Notstandsgesetze.*
Vor 40 Jahren: Einschränkungen des Grundgesetzes verabschiedet.
URL: http://brd-ddr.suite101.de/article.cfm/der_streit_um_die_notstandsgesetze
[Stand: 06. März 2010]

Siebzehntes Gesetz zur Ergänzung des Grundgesetzes [„Notstandsgesetze"].
(24. Juni 1968)
URL: http://www.documentArchiv.de/brd/1968/grundgesetz-
notstandsgesetze.html [Stand: 06. März 2010]

Stadtler (2010): *Ihre E-Mail vom 1. Februar 2010.*

Bundesverfassungsgericht

- Pressestelle -

Bundesverfassungsgericht ◆ Postfach 1771 ◆ 76006 Karlsruhe

Herrn
Bernhard Daniel Schütze

Aktenzeichen	Bearbeiter	☎ (0721)	Datum
(bei Antwort bitte angeben)			05.02.2010

Ihre E-Mail vom 1. Februar 2010

Sehr geehrter Herr Schütze,

im Zusammenhang mit der Notstandsgesetzgebung 1968 kann lediglich auf den Beschluss des Zweiten Senats vom 18. Februar 1970 - 2 BvR 481/68 - hingewiesen werden, der in der im Verlag J.C.B Mohr (Paul Siebeck), Tübingen, erscheinenden Sammlung "Entscheidungen des Bundesverfassungsgerichts" (abgekürzt: BVerfGE) Band 28, S. 51 ff. veröffentlicht ist.

Die Einsichtnahme in o.g. Veröffentlichung dürfte Ihnen jede größere juristische Fachbibliothek ermöglichen können.

Mit freundlichen Grüßen

Beglaubigt

Regierungsangestellte